AF253646

NOTICE

SUR

M. L'ABBÉ HURAULT

ANCIEN CURÉ DE SAINT-ALPIN DE CHALONS-SUR-MARNE,

ANCIEN ARCHIPRÊTRE DE VITRY-LE-FRANÇOIS,

DÉCÉDÉ CHANOINE TITULAIRE DE LA CATHÉDRALE.

CHALONS

IMPRIMERIE T. MARTIN, PLACE DU MARCHÉ-AU-BLÉ, 50.

—

1875.

M. L'ABBÉ HURAULT

NOTICE

M. L'ABBÉ HURAULT

ANCIEN CURÉ DE SAINT-ALPIN DE CHALONS-SUR-MARNE,

ANCIEN ARCHIPRÊTRE DE VITRY-LE-FRANÇOIS,

DÉCÉDÉ CHANOINE TITULAIRE DE LA CATHÉDRALE.

CHALONS

IMPRIMERIE T. MARTIN, PLACE DU MARCHÉ-AU-BLÉ, 50.

—

1875.

NOTICE

SUR

M. L'ABBÉ HURAULT

Il y a quelques semaines, le 2 mai, un nouveau deuil s'ajoutait aux deuils déjà si nombreux qui ont attristé le Diocèse dans ces derniers temps : M. Hurault, chanoine de la Cathédrale, venait de mourir.

Dire les qualités de ce digne ecclésiastique, raconter sommairement ses œuvres et sa vie, c'est répondre assurément au désir de ceux qui l'ont connu.

M. l'abbé Hurault était né en 1808 à Givry-en-Argonne. Il fit ses premières études au Petit-Séminaire de Châlons ; les succès qu'il y remporta le signalèrent à l'attention de ses maîtres ; les cours de théologie devaient le compter, dans la suite, parmi les meilleurs élèves du Grand-Séminaire. Disciple laborieux, régulier, intelligent, plein de piété, il allait vers le sacerdoce, où Dieu l'appelait, par des progrès

constants et marqués. Plus·tard, dans son ministère ecclésiastique, on devait retrouver toutes les qualités de cette
forte nature développées encore par l'expérience et mûries
sous l'action divine.

Au sortir du Séminaire, en 1833, M. Hurault fut placé
comme vicaire à Vitry-le-François, sous la direction d'un
homme aussi distingué par sa foi que par sa science, M. l'abbé
Garnier, archiprêtre. On se souvient encore à Vitry des
années du vicariat de M. Hurault. Il se donna à Dieu, en
effet, pour les œuvres multiples du saint ministère, avec un
zèle de missionnaire. La prédication, le soin des malades, la
direction des âmes trouvaient en lui un ouvrier infatigable.

Il aimait l'étude et y vaquait assidûment : son application
journalière à l'Ecriture-Sainte et à la théologie lui préparait
un riche fonds d'enseignement, trésor inépuisable où il trouva
jusqu'à la fin, pour les âmes et pour lui-même, lumières,
force et consolation. Plusieurs ouvrages de piété furent le
fruit de ses méditations : un *Chemin de la Croix*, le *Vade-
Mecum du jeune Lévite,* un *Manuel du Chrétien.* Il sortait peu,
et ses voyages, quand il lui arrivait d'en faire, étaient toujours justifiés par la nécessité.

Homme réfléchi, il n'agissait point avec engouement : la
raison et la foi étaient les guides de sa vie. D'une exactitude
scrupuleuse pour tous ses devoirs, non-seulement quant aux
devoirs eux-mêmes, mais quant au temps où il avait à les
accomplir ; d'un esprit de foi qui ne lui permit jamais d'ou-
blier l'objet et la fin de ses travaux, on pouvait l'appeler
véritablement l'homme de Dieu, l'homme du devoir ; Dieu
et les âmes, c'était le but suprême de sa vie. Plus tard, devenu
curé-archiprêtre de Vitry, quelqu'un lui demandant ce que
valait cette place : « Monsieur, répondit-il, elle vaut le ciel
ou l'enfer ; » il voulait dire que l'un ou l'autre sortirait pour
lui selon la manière dont il l'aurait tenue, et qu'un prêtre
serait inférieur à sa tâche, s'il l'envisageait à un autre point
de vue que celui de l'éternité.

Grave en son air, austère dans ses manières, il était d'une retenue que le monde pouvait qualifier de sévérité, mais qui au fond n'était que la vigilance chrétienne, gardienne incorruptible de l'honneur sacerdotal. Aussi fut-il saintement vigilant jusqu'à la fin. Au moment de quitter Vitry, il y a six ans, une dame vint avec ses filles pour lui présenter ses adieux. Il connaissait ces enfants depuis leur plus bas âge, elles avaient été l'objet des soins pieux du respectable curé ; mais elles avaient grandi : la mère crut néanmoins pouvoir demander au pasteur déjà vieux et infirme, après une dernière bénédiction, un paternel embrassement. La bénédiction reçue, les enfants semblaient attendre... « Je les embrasse *de cœur*, » dit M. Hurault à leur mère, ne croyant point, dans sa prudente réserve, pouvoir exaucer la dernière partie du vœu maternel.

Cette grande pureté de vie, ce zèle qui veillait toujours et se multipliait sans fin, il les devait, en partie, à sa dévotion particulière envers la Reine des anges : Marie était sa protectrice et son conseil ; quelles que fussent ses occupations, jamais il ne prit son repos sans avoir récité le chapelet tout entier. C'était sous les auspices de la sainte Vierge qu'il avait débuté dans la vie sacerdotale. Il fut le premier, peut-être, à prêcher publiquement à Vitry l'Immaculée-Conception, dans un temps où l'esprit janséniste, encore vivace, accusait la piété catholique d'en trop faire pour l'auguste Vierge. Ce jour-là, M. Hurault se trouvait gravement indisposé ; néanmoins il voulut monter en chaire et faire l'exposé de cette croyance si chère aux enfants de Marie ; mais la parole expira sur ses lèvres et il ne put achever le sermon, ayant trop présumé de ses forces, qui ne répondaient pas à son amour pour la Vierge sans tache. Il contribua puissamment à l'établissement du mois de Marie à Vitry ; le premier, il en prêcha les exercices ; et depuis, que de prédications il a faites pendant ce mois consacré à la Reine des cieux !

Cependant une église de la ville épiscopale se trouvait veuve de son pasteur. Après onze années passées dans le vicariat de Vitry, en 1844, M. Hurault fut appelé à la cure de Saint-Alpin. On n'a point oublié son apostolat dans cette paroisse, recommandable entre toutes par son attachement à ses pasteurs. Les œuvres du zèle de M. Hurault y sont encore debout. Il était l'âme des réunions pieuses de la paroisse, il les alimentait par des enseignements aussi clairs que substantiels. Son bonheur était de réunir ses brebis autour du divin Pasteur, près de son tabernacle, pour leur ouvrir les célestes trésors. Après avoir distribué à tous le pain de la divine parole, il savait encore se faire des loisirs pour l'étude : la vie de retraite et de règle en ménagera toujours aux hommes les plus occupés. Dans les années de son ministère à Saint-Alpin, M. Hurault fut nommé secrétaire-rapporteur des Conférences du Diocèse. Il participa ensuite à la rédaction des Statuts diocésains et donna son concours à l'autorité épiscopale pour la révision du Catéchisme de Châlons.

Quand le vénérable M. Garnier vint à mourir, Mgr de Prilly, de sainte mémoire, jeta les yeux sur M. Hurault et le désigna pour occuper la cure de Vitry. Au regret de tous, le pasteur de Saint-Alpin et le troupeau se séparèrent ; cependant la douleur commune fut adoucie par la pensée que le successeur de M. Hurault à Châlons était un de ses plus respectables amis.

M. Hurault fut installé curé-archiprêtre de Vitry au mois de décembre 1857. Cette nouvelle position n'était point sans difficultés ; la longue vieillesse de M. Garnier, décédé à 91 ans, en avait préparé à son successeur de plus d'une sorte. Mais avec les grandes qualités dont il était doué, armé de prudence, de force et surtout de longanimité, M. Hurault surmonta les obstacles et finit par se concilier les cœurs. C'est à son ministère, à Vitry, que remonte l'établissement des principales associations pieuses de la ville : les Mères chrétiennes, les Enfants de Marie, la Bonne-Mort, etc.

L'action du bon pasteur n'était point renfermée dans l'enceinte de son église : en beaucoup de circonstances, pour toute sorte d'affaires, ses paroissiens aimaient à le consulter. Dans la solution des difficultés, il joignait à une grande sagacité la patience, qui seule a souvent le secret de dénouements inespérés. Il y apportait surtout la foi; c'était sa lumière. Après avoir fait ce qu'il avait cru devoir faire, il aimait à remettre tout entre les mains de Dieu, n'attendant le succès que de lui ; il engageait les autres à faire de même. « Aujourd'hui n'est pas demain, disait-il à des âmes ingé-
» nieuses à se tourmenter ; peut-être ce que vous craignez
» n'arrivera-t-il pas maintenant, ou n'arrivera-t-il pas du
» tout ; à quoi bon vous en fatiguer l'esprit ? » Quand la prudence le permettait, c'était à Dieu seul qu'il laissait le soin de préparer et de mener à bien les affaires. S'il demandait des missionnaires pour ses paroisses aux grandes époques de l'année, il ne désignait jamais le prêtre qu'il eût pu désirer parce qu'il le connaissait; il s'en rapportait aux supérieurs et par eux à Dieu. « Je ne sais pas, disait-il alors,
» si celui que je choisirais est celui que Dieu a marqué pour
» faire le bien à mes paroissiens. »

Touchant à peine au déclin de l'âge, doué d'un heureux tempérament et d'une volonté énergique, M. Hurault semblait appelé par la Providence à fournir une carrière encore longue ; mais tout-à-coup il se sentit arrêté : une cruelle infirmité l'avait atteint aux sources mêmes de la vie ; c'était une sorte de paralysie, dont la science essaya en vain de retarder la marche. Elle lui rendit les devoirs de son ministère d'abord difficiles, et bientôt après impossibles; il fut contraint de les abandonner l'un après l'autre. « Je souffre
» sans doute, disait-il dans les derniers temps de son séjour
» à Vitry, je souffre du peu que je fais, mais je souffre bien
» plus de ce que je ne fais pas. »

Obligé par la maladie à se désister de sa charge, il le fit avec un désintéressement digne de son caractère et de sa foi. Ce fut le 6 mai 1869, jour de l'Ascension, que M. Hurault put dire, pour la dernière fois, la sainte messe à Vitry ; au mois de juillet suivant, il donnait sa démission d'archiprêtre, et au mois d'octobre, il arrivait à Châlons pour occuper la stalle de chanoine titulaire que Mgr Meignan venait de lui donner.

Il y parut à peine ; mais la paroisse de la Cathédrale et surtout les personnes qui purent l'approcher pendant les longues années de son infirmité trouvaient une compensation à son absence du chœur dans le spectacle édifiant de son courage et de sa patience. Le mot de saint Paul fut pour M. Hurault d'une réalité terrible : *Quotidiè morior*, « Je meurs tous les jours. » Tous les jours, en effet, ses forces diminuaient, minées par le mal dont il était atteint, ainsi que l'on voit les eaux d'un fleuve baisser, s'épuiser et disparaître sous les ardeurs d'un soleil d'été.

Sur son lit de douleur, dans une lutte obscure et pénible, se révéla l'athlète de Dieu dans tout l'éclat de sa vertu et d'une façon bien plus admirable qu'il n'avait paru dans les emplois où il s'était dépensé avec tant d'ardeur. La force et la patience dans l'adversité, c'est la pierre de touche des âmes vraiment supérieures. Quand on le visitait, on le trouvait toujours d'une humeur égale, faisant bonne mine à la souffrance, comme Job bénissant Dieu sous ses rudes étreintes, et s'occupant plus des autres que de lui-même.

D'abord, il pouvait encore se faire conduire à la Cathédrale pour entendre la messe et recevoir la sainte communion. Quel que fût le temps, au jour dit, à l'heure marquée, il était en route, soutenu par les deux personnes qui l'accompagnaient. Au bout de quelques mois, il dut sacrifier cette consolation ; ses jambes se refusèrent à le soutenir ; devenu presque immobile, il était obligé de se faire porter au temple saint pour satisfaire les désirs d'une âme altérée de Dieu. Le pieux malade montra cette foi et cette énergie de volonté jusqu'en ses derniers jours. Lorsqu'il lui fut impossible de tenir le bréviaire, il se le fit mettre devant les yeux. Sa sœur, dont l'admirable dévouement partagea toutes ses peines et consola ses douleurs, sa sœur tournait les feuillets du saint livre et cherchait les psaumes ; elle récitait encore le chapelet avec le pieux malade dont les doigts roidis ne pouvaient plus en dérouler les grains.

La langue, enfin, fut frappée. Impuissant désormais à prononcer une seule parole, il fut privé du bonheur de la prière vocale. Il y suppléa par la méditation ; il avait ses heures pour la faire, et il s'en acquittait avec la ponctualité qui avait présidé à sa vie tout entière. Si à ces heures de méditation une visite imprévue venait à retarder l'accomplissement du pieux devoir, il en était toujours contrarié. Ainsi Dieu séparait de plus en plus cette âme du monde et par degrés l'attirait à lui. Par l'esprit et par le cœur, l'union était depuis longtemps complète, quand le dernier lien extérieur vint à se rompre : son âme était prête, elle n'avait plus qu'à prendre son vol vers l'éternité.

Apprenant que cette longue agonie touchait à son terme, Mgr l'Evêque voulut apporter au respectable mourant de nouvelles paroles d'exhortation avec une bénédiction dernière. Quelques heures après, M. Hurault n'était plus.

Un nombreux clergé assistait à ses obsèques, et dans ses rangs on remarquait plusieurs ecclésiastiques, ses anciens vicaires, qui avaient tenu, malgré l'incommodité du jour (veille de l'Ascension), à rendre les derniers devoirs à un père vénéré. Vitry était représenté par M. l'Archiprêtre et plusieurs notables de la cité ; Saint-Alpin, par le clergé et un bon nombre d'habitants de la paroisse. Mgr l'Evêque, entouré de MM. les vicaires généraux, assista à la messe et voulut donner l'absoute, afin de témoigner publiquement de son estime pour le regretté défunt.

Puisse le souvenir des exemples de M. Hurault nous demeurer comme une efficace invitation à la vertu ! Et Dieu veuille, dans sa bonté, multiplier en faveur de son Eglise les pasteurs animés de son esprit !

X...

Châlons-sur-Marne, imp. T. Martin.

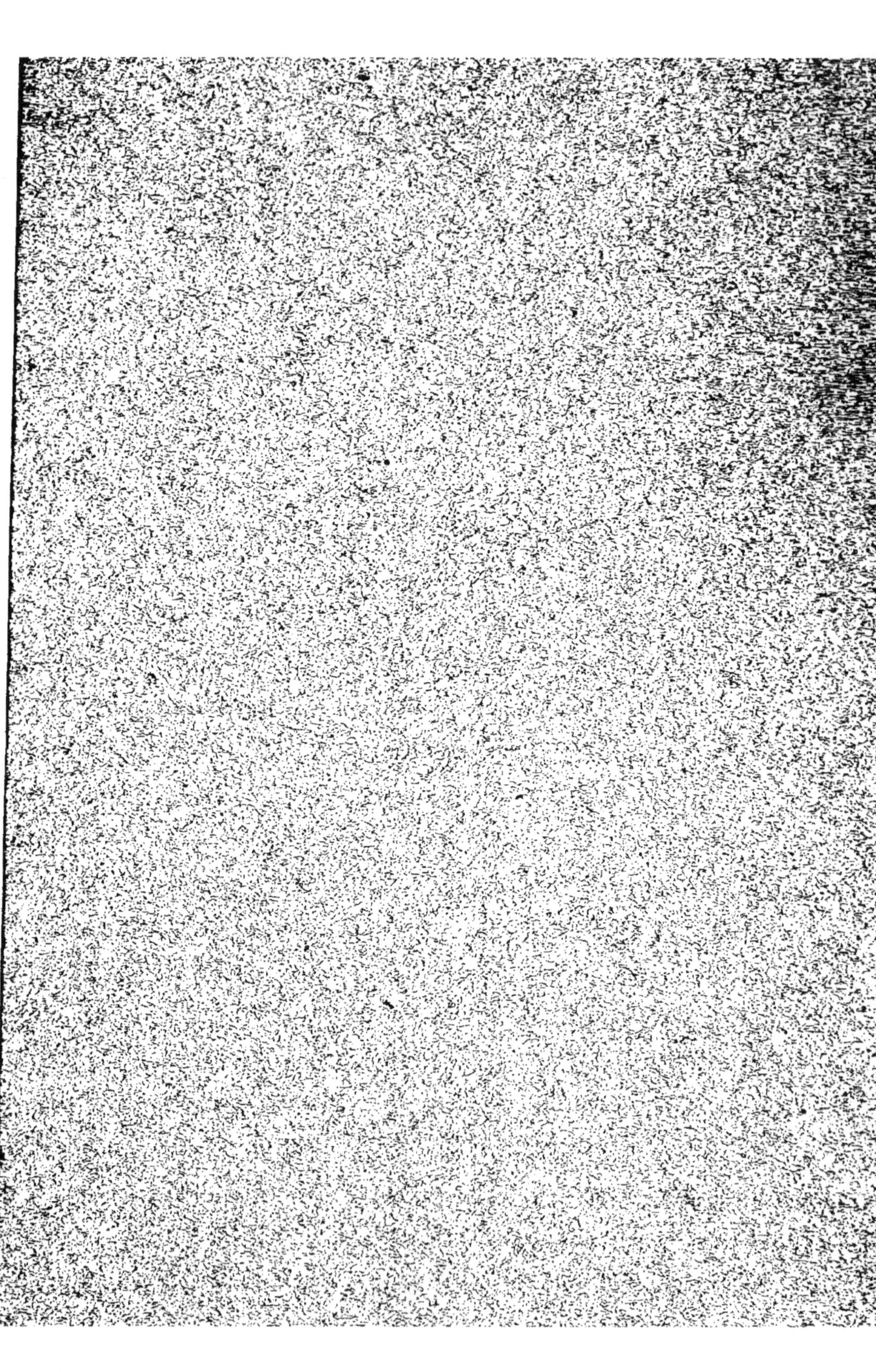

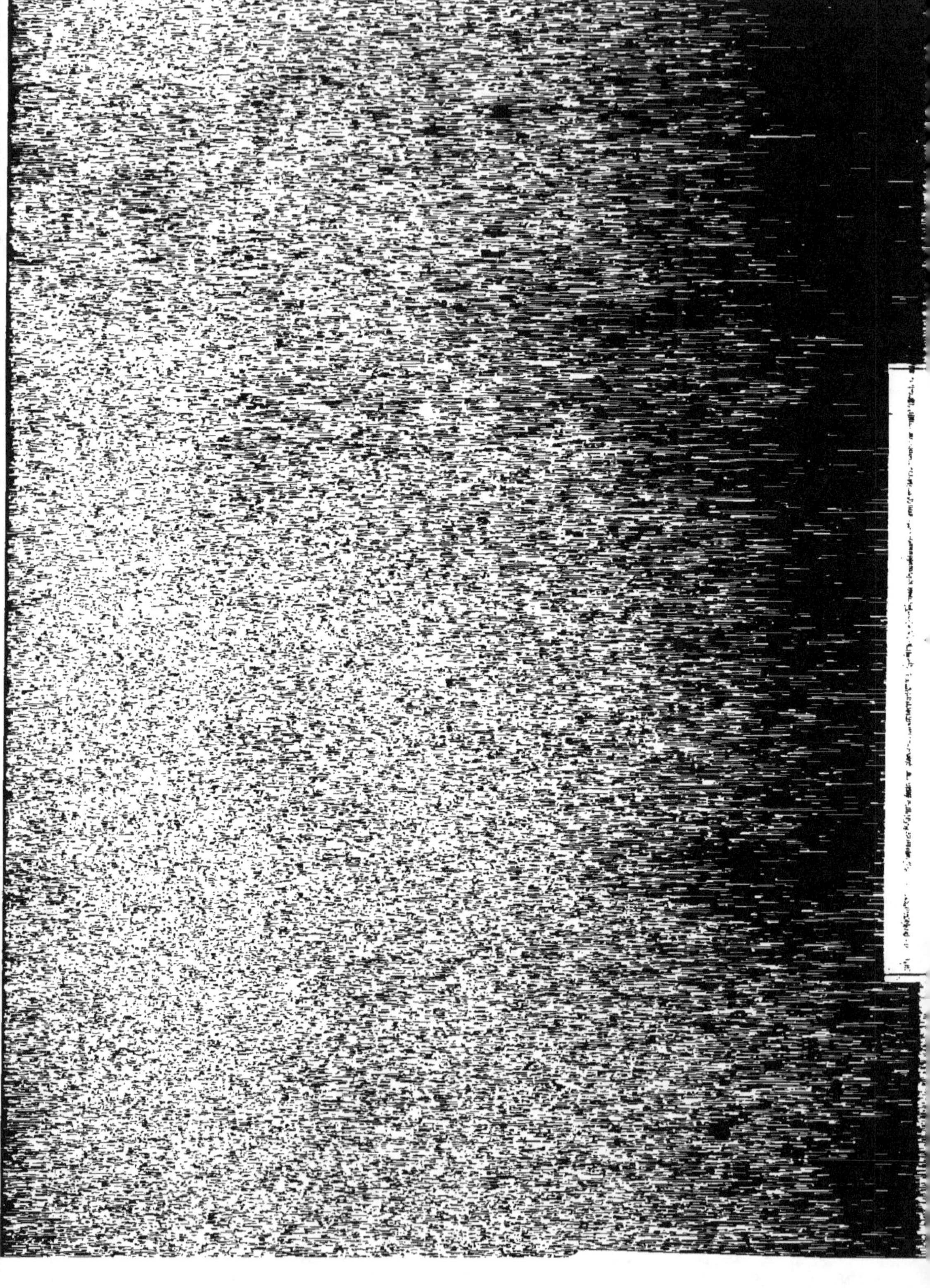

9 782011 906359